Cormorán antártico

Grace Hansen

Abdo Kids
ANIMALES DE LA ANTÁRTIDA
Kids

Abdo Kids Jumbo es una subdivisión de Abdo Kids
abdobooks.com

abdobooks.com

Published by Abdo Kids, a division of ABDO, P.O. Box 398166, Minneapolis, Minnesota 55439.

102023

012024

THIS BOOK CONTAINS RECYCLED MATERIALS

Spanish Translator: Maria Puchol

Photo Credits: Alamy, Getty Images, iStock, Shutterstock

Production Contributors: Teddy Borth, Jennie Forsberg, Grace Hansen
Design Contributors: Candice Keimig, Victoria Bates

Library of Congress Control Number: 2023939983

Publisher's Cataloging-in-Publication Data

Names: Hansen, Grace, author.

Title: Cormorán antártico/ by Grace Hansen

Other title: Antarctic shag. Spanish

Description: Minneapolis, Minnesota: Abdo Kids, 2024. | Series: Animales de la Antártida | Includes online resources and index

Identifiers: ISBN 9781098269838 (lib.bdg.) | ISBN 9798384900399 (ebook)

Subjects: LCSH: Shag (Bird)--Juvenile literature. | Imperial shag--Juvenile literature. | Cormorants--Juvenile literature. | Birds--Behavior--Arctic regions--Juvenile literature. | Zoology--Antarctica--Juvenile literature. | Antarctica--Juvenile literature. | Spanish Language Materials--Juvenile literature.

Classification: DDC 591.709113--dc23

Contenido

La Antártida

La Antártida es el continente más meridional de la Tierra. Está casi toda cubierta de hielo. A pesar de ser uno de los puntos más fríos, secos y ventosos del planeta, algunos animales asombrosos viven allí.

África
América del Sur
Antártida
Polo Sur
Oceanía

El cormorán antártico

Como miembro de la familia de los cormoranes, es un ave acuática de gran tamaño. Son la única **especie** que vive en la Antártida.

Estas aves normalmente viven en **colonias** sobre placas de hielo. No **migran**, pero se mueven en busca de aguas donde pescar.

Estos cormoranes pesan alrededor de siete libras (3.2 kg). Pueden medir hasta 30 pulgadas de largo (76 cm). ¡Su **envergadura** puede medir hasta tres pies de largo (0.9 m)!

Son blancos y negros. Un brillante anillo azul alrededor de sus ojos los hace fácilmente identificables. También tienen una mancha amarilla en la base del pico.

Pesca y alimentación

Los cormoranes antárticos pescan en grupo. Cientos de ellos se posan en el agua. Desde ahí se sumergen una y otra vez para atrapar los peces que pasan por debajo.

Son grandes buceadores. Se sabe que han buceado a 380 pies de profundidad (116 m). Meten las alas cuando están bajo el agua y sus patas **palmeadas** les ayudan a **impulsarse**.

Crías de cormoranes antárticos

Las parejas de cormoranes construyen nidos en forma de volcán. Entre octubre y diciembre las hembras ponen de dos a tres huevos que eclosionan a los 30 días. Los padres cuidan juntos de las crías.

Los machos son los encargados de la pesca y la alimentación. Después de tres semanas les aparecen las plumas a las crías. ¡Muy pronto estarán listas para enfrentarse a la Antártida!

Más datos

- El cormorán antártico también es conocido por otros nombres como cormorán imperial y cormorán de ojos azules, entre otros.

- Los cormoranes antárticos pescan en grupo. Confunden a los peces para que terminen en la boca de un ave al asustarse de otra.

- El anillo azul alrededor de los ojos no es parte del ojo, ¡es piel de color azul brillante!

Glosario

colonia – grupo de animales de una misma especie que conviven en un territorio limitado.

envergadura – distancia de punta a punta de las alas de un ave.

especie – grupo específico de animales con similitudes entre ellos y capacidad de reproducirse.

impulsar – empujar o guiar hacia delante.

migrar – desplazarse de un lugar a otro, normalmente en busca de alimento o para que nazcan las crías.

palmeado – tener los dedos ligados por una membrana.

Índice